René Millet

L'Avenir du Commerce extérieur de la France

Essai

ISBN : 978-1981130108

10 9 8 7 6 5 4 3 2 1

René Millet

L'Avenir du Commerce extérieur de la France

Essai

Table de Matières

Introduction

Quelle que soit l'insouciance d'un peuple pour ses intérêts matériels, l'état de la civilisation ne cesse d'étendre le cercle de son commerce. Il suffit qu'il entre dans le concert des nations modernes pour voir grossir le chiffre de ses échanges sans aucun effort de génie ; mais il ne recueillera les véritables fruits de cette activité que s'il devance le courant au lieu d'y céder mollement. La France a toujours occupé un rang distingué parmi les nations commerçantes : ce qui lui restait d'établissements à l'étranger, la réputation de son sol et de son industrie, ont entretenu au dehors une activité salutaire. Cependant, après les efforts remarquables qui ont été tentés à la fin du siècle dernier, elle s'était montrée plus jalouse de défendre son propre marché que curieuse d'explorer celui des autres : idée fausse qui a longtemps pesé sur la liberté et la grandeur de son commerce.

C'est en 1838 que, sollicitées par les bateaux à vapeur, les grandes maisons de commission établies à Paris poussèrent leurs entreprises dans les diverses parties du monde. Nos mœurs commerciales étaient déjà bien changées quand les réformes de 1860 abaissèrent les barrières de douane. Présentées sous une forme populaire, soutenues au nom des principes économiques, sans cesse compromises par les regrets de la grande industrie, qui se trouvait privée de protection, on peut dire que ces réformes ont été souvent mal comprises. Les uns croyaient qu'elles devaient inaugurer l'âge d'or du bon marché ; les autres témoignaient une confiance imperturbable dans la vertu des principes et montrèrent trop de dédain pour les plaintes légitimes des fabricants. En réalité, les promoteurs de la réforme n'ouvraient pas à l'industrie française une carrière facile et paisible : ils lui demandaient un surcroît d'activité ; afin de l'arracher à la contemplation du marché intérieur, qui avait jusque-là borné son horizon, ils lui montraient un empire à conquérir, mais ils se taisaient sur les difficultés de la conquête. Depuis cette époque, des complications inopinées ont surgi : le régime qui avait opéré les réformes et qui devait en seconder la marche est tombé avant d'avoir donné à l'industrie les compensations promises ; les affaires ont été suspendues, anéanties par la guerre : au lieu d'exonération et de travaux publics, on a eu des charges nouvelles à supporter. Pourtant la guerre était à peine terminée, que les affaires reprenaient avec une activité fiévreuse, et se tournaient vers l'extérieur en vertu de cet instinct aveugle qui pousse la nature humaine à réparer ses pertes. Il fallut bien trouver des débouchés pour l'excédent d'une production menée à toute vapeur. On envoya en masse à l'étranger, même sans bénéfice réel ; on s'accoutuma à *consigner* ses marchandises, c'est-à-dire à les offrir dans les entrepôts lointains avant d'avoir trouvé acheteur, procédé peu familier à nos négociants. Ainsi, par un étrange revers de fortune, l'appauvrissement du marché intérieur rejetait l'industrie sur les relations lointaines, et nos malheurs contribuaient peut-être au développement du grand commerce plus que n'avait fait notre prospérité.

Aujourd'hui il n'est plus temps de regarder en arrière. Sans doute, le renouvellement prochain des traités va ranimer les discussions éteintes ; mais l'opinion publique est acquise à l'esprit des réformes. Les plus grands centres ont adhéré au système de la liberté, et les résistances sont circonscrites dans quelques villes que l'on connaît bien. Quand on aura enfin renoncé à la possession exclusive du marché français, l'attention des économistes se portera d'un autre côté : quelles sont nos forces à l'égard du marché universel ? et, puisqu'on nous contraint de sortir de chez nous, quelle est la route à suivre ? Cette question d'avenir préoccupait vivement un ministre qui n'a fait que traverser le pouvoir, et qu'une mort prématurée vient d'enlever : M. Desseilligny a légué le soin de la résoudre à une commission composée par lui de hauts fonctionnaires et de négociants. Connaître à fond nos ressources et nos faiblesses, indiquer des remèdes qu'on n'a pas la prétention d'imposer, mais avant tout éclairer l'opinion publique, la prémunir contre la défiance extrême de soi-même, l'inviter à étudier des problèmes dont la solution définitive lui appartient, telle est la tâche que la commission s'est tracée ; point de panacée à découvrir, point de système bâti d'avance par quelques habits brodés, mais une méditation féconde à laquelle on convie tous les hommes de bon conseil, toutes les corporations qui s'occupent en France d'économie publique. Les commissions passent, les enquêtes subsistent. En nous aidant de ces recherches, nous tâcherons de déterminer d'une part le rang que la France tient dans le monde par son commerce extérieur, de l'autre l'esprit de nos négociants et les obstacles qu'ils rencontrent, soit dans notre régime économique, soit en eux-mêmes, c'est-à-dire dans les mœurs et les institutions.

Section I

Nous avons, pour mesurer le trafic international, un compteur placé à nos portes : la longue ligne des douanes, cette frontière vivante à côté de la frontière naturelle, retient un moment au passage tout ce qui entre et tout ce qui sort. En dépit de la fraude qui se glisse entre les mailles du filet, malgré la légèreté des négociants ou leur dissimulation, les chiffres recueillis par la douane ont une valeur comparative très réelle, et nous fournissent d'excellentes armes contre les objections les plus répandues. Vous contestez la valeur des réformes de 1860 ? Depuis cette époque, le mouvement général des entrées et des sorties a doublé : il était de 5 milliards 1/2 en 1859, il dépasse aujourd'hui 9 milliards. Vous craignez le contre-coup de la guerre, les suites d'une perturbation profonde ? De 1869 à 1873, rien que pour la France, le commerce extérieur a monté d'un milliard, au grand avantage de notre exportation. Direz-vous que nous ne tenons pas notre place parmi les grands peuples commerçants ? L'Angleterre, il est vrai, nous dépasse du double, et fait 15 ou 16 milliards avec l'étranger ; mais deux nations seulement sont en état de nous disputer la seconde place : l'Allemagne et les États-Unis. Céderons-nous à l'Allemagne sur ce nouveau champ de bataille ? Elle nous bat d'un milliard en 1873 ; mais elle a pour elle l'indemnité de guerre, qui lui permet de multiplier ses achats sans étendre ses forces productives : aussi ses entrées dépassent de beaucoup son exportation, qui est encore inférieure à la nôtre de 600 millions. Quant aux États-Unis, ils ne tiennent que le quatrième rang, avec un commerce extérieur de 6 milliards 1/2 : bon argument en faveur du libre échange, car l'Union cherche aujourd'hui à se passer de l'Europe, et multiplie des barrières de douanes qui ralentissent son activité proverbiale.

On dit encore : Vous êtes en France de grands consommateurs ; votre sol est riche, et vous donne de quoi dépenser beaucoup ; mais vous n'avez pas le génie commercial, qui est avant tout le génie de la production. Vos chiffres témoignent de votre prospérité, non de votre énergie ; ce sont des résultats, non des promesses, de la richesse acquise, non des sources intarissables de richesse. — Les chiffres répondent que nos entrées et nos sorties se balancent, et que les exportations surtout sont en progrès. Ils montrent encore que la Grande-Bretagne, cette immense fabrique, consomme plus qu'elle ne vend. Serait-ce par hasard affaiblissement chez elle, diminution des moyens producteurs ? — Enfin, dit-on, vous ne lutterez jamais avec l'Angleterre, vous êtes des utopistes, le libre échange vous tuera. — Nous retournons au tableau des douanes, et nous constatons que la France est le plus grand pourvoyeur de l'Europe : elle lui fournit tout juste pour 2 milliards 682 millions de produits ; c'est 2 millions de plus que la Grande-Bretagne. Que répondre à cela ? Que nos marchandises sont toutes menues, et ne tiennent guère de place sur un navire ? que la houille au contraire est un fret magnifique ? La délicatesse de la fabrication n'exclut donc pas un grand commerce. — Soit, mais vous êtes parfaitement nuls dans les contrées lointaines. — Nuls, c'est beaucoup dire. Les États-Unis se défendent contre nous à coups de tarifs, et pourtant notre ancien chiffre d'affaires dans ce pays, s'il n'augmente guère, ne décroît pas non plus. En Afrique, notre situation est très supportable ; ce n'est pas encore un gros revenu ; mais quelle nation, y compris l'Angleterre, peut se vanter d'exploiter à fond l'Afrique ? Quoi qu'on en dise, nous ne sommes pas trop battus dans la Méditerranée, et les progrès de l'Italie en Égypte n'ont pas de quoi nous effrayer. En Asie et en Océanie, c'est vrai, notre désavantage est extrême, et l'Angleterre fait plus d'affaires avec la Chine que nous n'en faisons avec tout cet hémisphère. C'est là notre point le plus faible : reconnaissons en Océanie la supériorité d'un petit peuple comme la Hollande. Admettons qu'il y a des peuples plus hardis, plus entreprenants que nous, plus pénétrés de l'esprit commercial, que, même en Europe, nous avons trop négligé les pays du nord, et qu'il faut déployer nos voiles pour aller plus loin ; mais bornons là nos concessions, et tâchons de démêler les symptômes d'un meilleur avenir.

Presque partout une nouvelle impulsion coïncide avec les réformes de 1860. Ainsi les transactions avec la Russie, de 82 millions en 1859, s'élèvent à 266 millions en 1871. Les affaires avec la Suède passent de 19 millions à 50, avec la Norvège, de 28 millions à 44, et l'on peut dire que ces pays font vers nous les premiers pas, car leurs envois dépassent de beaucoup nos expéditions. Dans nos rapports avec nos voisins les plus proches, les Belges et les Anglais, voici des faits significatifs : les entrepôts de ces pays nous avaient toujours défrayés largement, c'est-à-dire qu'au lieu d'aller chercher très loin les choses dont nous avons besoin, nous trouvions plus commode de les prendre à nos portes, dût-il nous en coûter davantage. Vainement les hommes d'état ont lutté par des surtaxes contre ces habitudes indolentes ; que de combinaisons n'a-t-on pas imaginées pour nous donner le goût des approvisionnements directs, jusqu'à établir un tarif différent pour les marchandises qui avaient passé un certain cap et celles qui n'en venaient point ! Inutiles efforts ! Liverpool et Anvers ne nous ont pas moins fourni une grande partie des produits exotiques. Or le mouvement des entrepôts est entré dans une période de décroissance. L'exemple le plus frappant est celui des soies, parce que les envois de Londres sont presque nuls aujourd'hui, et que cette branche de notre industrie n'a pas cessé de se développer. Les graines oléagineuses, le cacao, le café, les sucres étrangers, nous arrivent aussi plus directement ; nous commençons à jeter les yeux au-delà de notre ancien horizon, et nous remontons les courants jusqu'à leur source, au grand avantage de notre bourse et de notre énergie. Lorsque nous voyons figurer à l'importation de Belgique certains produits que le sol flamand serait bien étonné de porter, lorsque la Grande-Bretagne nous envoie comme provenance directe des fruits que les brouillards de la Tamise n'auraient jamais réchauffés, il est clair qu'il faut déduire de notre commerce avec l'Europe un grand nombre de transactions où celle-ci joue le rôle d'un simple intermédiaire, et que nous nous affranchirons tôt ou tard des entrepôts voisins, pour puiser à pleines mains dans les réservoirs naturels qui les ont alimentés jusqu'ici. Réciproquement combien de produits qui portent la marque évidente du goût français sont expédiés en Angleterre, et de là dans le monde entier ! combien de nos fabricants choisissent volontairement cette voie, qui est pour eux le grand chemin battu, et se reposent sur ces voisins trop complaisants du soin de découvrir les débouchés, de nouer les relations, d'organiser le crédit ! Tel peuple qui nous connaît à peine tire d'Angleterre et consomme nos meilleurs produits. Donc il ne faut pas se hâter de mettre en balance, en face de notre commerce européen, le chiffre relativement faible de nos affaires avec les pays d'outre-mer ; l'adresse de nos envois est souvent trompeuse, et le traité passé avec un négociant anglais masque souvent une opération de longue portée dont il nous appartient de recouvrer la conduite.

Au-delà des mers, l'opinion commune nous attribue peu d'initiative ; des relations très anciennes seraient seules capables de nous arracher à nos goûts sédentaires. Cependant où voit-on que nous ayons fait les plus grands progrès ? Serait-ce dans nos anciennes colonies ? Mais pour la Réunion, la Martinique et la Guadeloupe les chiffres n'ont guère varié depuis 1859 ; ils sont même tombés, à La Réunion, de 60 à 29 millions, et cet affaissement commence en 1864. Au Sénégal, même situation : nos échanges, en quinze ans, ont varié de 16 à 15 millions. C'est au contraire dans les établissements nouveaux que l'augmentation est rapide ; le plus considérable d'entre eux, l'Algérie, pendant la même période, passe de 181 millions à 288. Les plus petits, Sainte-Marie de Madagascar, Nossibé, etc., sortent peu à peu du néant. En Cochinchine, avant 1868, on ne notait même pas les chiffres : cette année-là, on inscrivit 5 millions d'affaires ; en 1872, il y en avait pour 10 millions. La somme n'est point forte, mais la proportion est satisfaisante. Partout ailleurs nos progrès ont été soutenus et font un contraste avec la routine qui subsiste sur les voies de notre ancien commerce. Avant 1860, nos affaires avec l'extrême Orient ne dépassent pas 6 millions ; en 1867, elles atteignent 64 millions. A partir de cette époque, on commence à décomposer les chiffres : 55 millions pour la Chine, 46 pour le Japon. Il est vrai que les importations dominent de beaucoup ; mais l'habitude des approvisionnements directs suscitera d'autres affaires. La meilleure manière de trouver des clients, disait un négociant spirituel, c'est d'acheter soi-même : si vous offrez votre marchandise, on vous éconduit poliment ; comme chaland, on vous accueille, on vous retient, et alors vous pouvez changer de rôle, la glace est rompue. En ce sens, nous sommes encore les clients des Indes anglaises, où notre commerce a passé de 70 millions à 105 pendant la période des traités, et ceux de l'Afrique occidentale, qui nous envoie de plus en plus ses riches productions, tandis qu'elle résiste à nos offres, grâce à la simplicité de ses goûts et de son costume. Tout autre est notre attitude dans les échelles du Levant et dans l'Amérique du Sud ; là, nous luttons à armes égales sur un sol favorable. Nos relations avec l'Égypte ont pris un vif essor depuis 1863 ; d'une trentaine de millions, les échanges ont passé à 100 millions, dont une bonne moitié revient à nos exportateurs. Avec les états barbaresques, nos affaires ont doublé. L'influence française a son centre naturel sur les bords de la Méditerranée ; si notre pays n'affiche plus la prétention peu moderne d'en faire un lac français, il a le droit de profiter de ses avantages, et il en profite ; le percement de l'isthme de Suez et le développement de l'Algérie nous valent dès aujourd'hui de grands résultats commerciaux. Enfin, si l'on veut se convaincre que ni l'éloignement, ni la diversité des races, ni l'état précaire de la civilisation ne sont un obstacle au développement de nos affaires, il faut aller dans l'Amérique du Sud. Certainement notre commerce n'est pas en rapport avec l'étendue de cet immense continent, ni même avec sa population présente ; mais il ne tient qu'à nous de prendre, dans les transactions, une place que l'Espagne affaiblie laisse inoccupée, et où la concurrence anglaise, toujours redoutable, est cependant moins pressante. Depuis la Nouvelle-Grenade jusqu'au Chili, nous sommes en progrès, presque partout nos chiffres ont doublé, et l'équilibre se maintient entre les deux opérations inverses, le départ et le retour. Notre situation est particulièrement favorable à la Plata ; pendant la période des traités, notre commerce avec cette république est monté de 57 millions à 230, c'est-à-dire qu'il aura bientôt quintuplé. En 1872, les chiffres ont été tout à coup doublés, grâce à une exportation de plus de 100 millions. L'empire du Brésil et ses vastes forêts ne nous offrent pas un débouché aussi sûr ; mais il n'y a déperdition réelle qu'à l'égard des possessions espagnoles, moins par notre faute que par celle des Espagnols eux-mêmes, qui se déchirent à Cuba. Ce coup d'œil jeté sur l'ensemble de notre commerce doit nous rassurer. Si, pressés de jouir, nous nous bornions au gain immédiat, assurément ces faibles moissons, récoltées çà et là dans le vaste champ du monde, pèseraient peu en comparaison de nos facultés et de nos appétits ; mais, si nous mesurons le progrès, du lendemain à celui de la veille, il semble que les résultats les plus minces soient des premières conquêtes, et que les rejetons vigoureux de notre commerce, inégalement répartis sur la surface du globe, peuvent en grandissant prendre racine dans ces terres où ils ne manquent ni d'espace ni d'aliment.

Cet espoir est-il justifié par la nature de nos ressources ? Nous avons d'abord un fonds qui s'est enrichi lentement par le travail des siècles, et que personne ne songe à nous contester : la terre. Les produits que la consommation réclame le plus impérieusement, comme le blé et la viande, ne cessent de traverser nos frontières, soit pour entrer, soit pour sortir, et changent de direction suivant l'état de la récolte. D'ailleurs l'intérêt du consommateur prime ici tous les autres, et l'ardeur de la demande force la main à la spéculation. Si indolent qu'on soit, quand il faut manger, on sait bien découvrir où sont les greniers pleins. Moins nécessaires à la vie, mais non moins recherchés, les produits de ferme, fruits, volailles, œufs, gibier, etc., prennent de plus en plus le chemin de la frontière. Rien de plus curieux que cette exportation au petit pied, qui remonte de village en village dans l'intérieur des terres. Les départements du nord et les côtes de Normandie se sont fait depuis longtemps une clientèle en Angleterre. De Calais, Dunkerque, Dieppe, Fécamp, Honfleur, de petits voiliers se détachent tous les jours, bondés de bêtes à cornes, de poulets et de fromages. Le paysan en sabots, l'homme de la glèbe, tente la fortune du grand commerce ; il a ses correspondants à Londres, en Belgique, en Hollande. Bien plus, il devient armateur. A Honfleur, à Saint-Malo, à Cherbourg, les marchands d'œufs frètent le navire qui doit porter leur fragile cargaison. Rien n'égaie les petits ports normands comme cet attirail de ferme ; puis le goût de la spéculation gagne de proche en proche, Honfleur reçoit des expéditions du centre, et les brises de mer pénètrent jusqu'à Orléans. C'est le plancher des vaches qui se met à naviguer. A mesure qu'on suit la côte, les produits changent suivant le climat, mais le mouvement ne s'arrête pas : la Bretagne envoie des beurres salés, la Provence des amandes, du miel, de la cire et des citrons. Certainement la nature des produits limite le rayon des affaires ; mais c'est une animation utile et durable, tout à fait contraire à l'immobilité des champs. D'ailleurs ces dons du climat prennent souvent une forme moins éphémère : dans l'est, la pomme de terre devient fécule ; à Nice et en Corse, les fruits deviennent confiserie ; du fond des Cévennes, la riche Limagne envoie des pâtes alimentaires ; il n'est pas jusqu'à l'antique Berry qui ne fournisse des orges pour la fabrication de la bière, et tous ces produits peuvent supporter une assez longue traversée. On les retrouve à New-York et dans le nord de l'Europe.

A Bordeaux, il faut saluer de plus gros personnages : nous entrons dans le royaume du vin. L'Angleterre a la houille, l'Italie les soufres, le Pérou les guanos ; nous, nous avons le vin. C'est le plus grand présent que nous ait fait la nature. Encore est-il probable que nous savons l'aider, puisque depuis 1859 nos exportations ont plus que doublé. Les vins de la Gironde entre autres augmentent avec une rapidité effrayante. C'est qu'ils absorbent ou corrigent tous les gros vins du midi, dont le titre d'alcool est trop élevé ; ils prennent sous leur patronage un grand nombre de crus énergiques qui auraient végété sans élégance et sans distinction au fond de leur province. En Roussillon, le coupage des vins se fait sous l'œil paternel de la douane ; mais passer à Bordeaux, c'est encore sortir par la grande porte, et les vins qui descendent ce beau et large fleuve de la Gironde marchent vers un horizon sans limite. On les rencontre dans le monde entier, et surtout dans les deux Amériques, en Australie, aux Indes. Le commerce de Bordeaux, qui appuie sa prospérité sur un monopole séculaire, n'est pourtant point endormi, mais il a le calme de la force ; il est à la fois libéral et aristocratique, chose rare en France. Bordeaux est le pays de la vie large, égale et facile ; le négociant et le propriétaire se touchent, se confondent souvent dans la même personne, et cette double vie, à la fois sédentaire et active, met de la prudence dans leur audace et du mouvement dans leur sécurité. A côté des tranquilles possesseurs du sol et de leurs courtiers s'agite un autre commerce, plus remuant à la surface, non moins prudent au fond : celui qui travaille depuis dix ans, non sans succès, à faire de Bordeaux un grand entrepôt de matières premières et de denrées coloniales.

Bordeaux fournit un peu plus de la moitié de l'exportation totale des vins français ; les provinces moins bien partagées, et même la Bourgogne, malgré la susceptibilité de ses vins, commencent à regarder plus souvent du côté des frontières. C'est que le goût des vins français n'est plus seulement à l'étranger la marque d'une haute éducation : la roture en Angleterre apprécie le *claret* ; mais elle a le palais moins délicat, et ne distingue plus le Bordeaux retour des Indes d'un petit vin campagnard. Quant aux vins de Champagne, ils continuent à se répandre dans le monde entier sur les pas de la civilisation, et, comme on porte des toasts à Shanghaï et à Yeddo, la Chine et le Japon ont leur part de ces envois. Des pays tristes comme l'Espagne, ou fatalistes comme la Turquie, sont seuls réfractaires à la gaîté communicative du vin de Champagne.

Cette exportation de produits agricoles a-t-elle atteint ses limites ? peut-elle devenir un instrument de conquête lointaine ? La nature a mis des bornes à la fécondité du sol, et, dussions-nous défricher encore plus d'un coin de terre aride, simplifier nos cultures, améliorer notre outillage, l'augmentation ne saurait être que lente et graduelle. Quant à la direction imprimée au commerce, elle suit aussi certaines lois : les blés obéiront toujours au marché intérieur, les fruits qui se corrompent ne dépasseront guère l'autre côté de la Manche ; les denrées alimentaires ne sont pas le meilleur moyen de s'ouvrir un pays neuf, car en toute contrée le mode de nourriture est personnel à l'habitant ; c'est son premier soin ou plutôt sa raison d'être dans le milieu où il vit, et sur ce chapitre il ne peut guère vivre d'emprunt. Nos vins eux-mêmes ne conviennent pas à toutes les races du monde ; le sauvage, qui aime l'eau de feu, trouverait notre vin de Bordeaux insipide ; dans beaucoup de lieux, la religion ou les mœurs en proscrivent l'usage ; mais partout où un Européen pose le pied on peut vendre une bouteille de vin, et notre commerce agricole épuisera le sol avant d'avoir atteint les limites de la civilisation.

Interrogeons à son tour l'industrie, — non pas qu'il soit possible de faire une nomenclature, car où commence, où finit l'exportation ? Toutes les industries ont l'ambition légitime d'exporter ; mais il eu est qu'un mouvement vigoureux pousse au dehors ou qu'une longue habitude y retient. Voici d'abord un groupe fort connu du public, celui des raffineurs de sucre, groupe isolé, car les fabricants de sucre indigène ont des intérêts différents. L'industrie du sucre en France, comme élément d'exportation, présente ce trait singulier, qu'elle a ses conventions internationales, sa diplomatie, ses archives à elle, vaste chaos dont deux ou trois hommes sont à peu près seuls à posséder la clé. Quatre pays rivaux, l'Angleterre, la Belgique, la Hollande et la France, ont fait en 1864 ce rare projet de détruire entre eux toute cause de noise et d'inégalité, d'abaisser les barrières de douane, de renoncer aux primes, et de réunir en quelque sorte leurs territoires en un seul grand marché pour la fabrication du sucre : ils se réservaient seulement le droit d'asseoir à leur gré l'impôt intérieur ; mais l'esprit de discorde est rentré par cette porte, et l'impôt est encore si difficile à combiner que personne, ou peu s'en faut, n'a tenu ses engagements. Cette industrie, qui a de beaux débouchés en Europe, est-elle un instrument pour notre commerce lointain ? Tant de peuples ne font point entrer le sucre dans leur consommation, ou se contentent de poudres grossières qui nous donneraient des nausées ! Les raffineurs n'étendent guère la main au-delà des mers que pour choisir les plus belles qualités de sucre colonial. C'est à Paris que le sucre fait les plus grands seigneurs. Nantes, antique entrepôt de produits exotiques, a longtemps tenu la tête ; aujourd'hui cette ville, bien que dépassée, se défend avec une remarquable ténacité. Entourée de régions agricoles, mal servie par un fleuve inégal, menacée à la fois par Bordeaux et Le Havre, jalouse de Saint-Nazaire, mais soutenue par un immense marché d'approvisionnement, il reste à son commerce un air de grandeur et le fonds très solide de la raffinerie.

Si vous voulez transformer un sauvage, habillez-le ; c'est par le vêtement que la civilisation se communique d'abord. Entre la nourriture trop simple et les arts mécaniques, trop compliqués, les tissus se trouvent précisément au point qu'il faut pour séduire les appétits des peuples primitifs. D'ailleurs nulle fabrication n'offre plus de souplesse et de variété, de sorte qu'il est facile de s'accommoder aux besoins, au climat, aux mœurs des clients les plus bizarres. C'est ainsi que l'Europe, et surtout l'Angleterre, habille une grande partie du monde. Les fabricants, nos voisins, ne se lassent pas de filer, tordre et tisser, depuis le chaud vêtement de l'habitant du nord jusqu'aux légères cotonnades des tropiques. Peu leur importe de reproduire à l'infini le même dessin : sous la zone torride, on n'a point de ces délicatesses. Les tisseurs anglais considèrent leur clientèle comme un bétail ; ils vont jusqu'au bout de leur rouleau, chargent les navires, consignent en attendant la chance, et continuent de vêtir l'humanité bon gré mal gré. Nos fabricants, hélas ! ne sont point si imperturbables. Ils ont le malheur d'avoir du goût, beaucoup de nonchalance et peu de penchant à travailler pour les troupeaux d'hommes. Rouen a presque abandonné la fabrication des *guinées* qu'elle envoyait jadis en Afrique et dans l'Inde. Filateurs et tisseurs seraient parfaitement satisfaits d'approvisionner leur pays ; hors de nos frontières, l'Algérie seule et les colonies leur semblent un marché digne d'eux. A l'ombre des clochers de Rouen se sont réfugiées les dernières résistances du monopole ; l'Anglais y est encore traité d'ennemi, ou peu s'en faut. Le Havre, grand marché du coton, est un allié suspect. Rouen lui envie son port, qui empêche les navires de remonter la Basse-Seine, et lui reproche ses doctrines, car Le Havre accepte tous les pavillons et déteste les barrières de douane à l'égal des chaînes ou des ensablements. Ainsi se prolonge l'antagonisme entre deux places si bien faites pour s'appuyer mutuellement ; les uns regrettant le passé, les autres appelant l'avenir, à quelques lieues de distance on se tourne le dos. Et pourtant, quand on voit cette admirable ville de Rouen, cette large vallée, toute hérissée d'usines, non pas triste et repoussante, mais débordant de sève industrielle sur un sol généreux, quand un peu plus loin Le Havre apparaît avec sa situation sans égale, ce cap, ce golfe immense, ce fleuve toujours prêt à former des bassins dont un rang de collines semble marquer la place, on ne peut s'empêcher de rêver, pour la grande ville et pour le port, des destinées anglaises. Avant la guerre, Le Havre espérait devenir le premier port du continent : prétention légitime, si, comme Liverpool, il avait eu derrière lui un Manchester, un grand foyer produisant sans cesse en vue des pays lointains, assurant l'écoulement régulier des entrepôts, le chargement complet des navires. On comptait bien sur les filatures de Lille et d'Épinal ; mais toute la région du nord et de l'est subit la séduction d'Anvers. Ce port, placé sous la main de cinq nations commerçantes, et préféré, sinon convoité par l'Allemagne, doit à la dernière guerre un développement imprévu : on l'a débarrassé d'une ceinture de fortifications, on élargit les bassins ; le mélange de tous les pavillons lui donne un aspect international, et le mouvement de la vie moderne pénètre dans les quartiers antiques. C'est là que l'Europe et la France vont souvent chercher le coton américain. Du reste, nos filateurs de l'ouest pèchent par entêtement plus que par impuissance ; on voit des centres moins importants, comme Yvetot ou Falaise, entrer en rapport avec l'Amérique ou l'Asie, transformer leur fabrication, jeter des couleurs plus vives sur leurs cotonnades, et déployer, sous le ciel brumeux de la Normandie, des turbans et des moustiquaires.

Si notre industrie du coton est légèrement atteinte, en revanche celle de la laine devient de jour en jour plus prospère : ressource féconde, car, dès qu'on s'écarte des tropiques, la laine peut très bien lutter avec le coton ; mais on rencontre ici la même diversité dans les dispositions des fabricants. Les uns ne détournent guère les yeux du marché intérieur ; quand ils n'ont pu vendre à des Français, ils prennent avec dépit le chemin de la frontière. Comme ils n'ont au dehors que des clients de hasard, et qu'ils n'adoptent ni leurs modes ni leur métrage favori, la vente leur est contraire, ou bien ils attendent paisiblement que l'étranger, plein d'admiration pour les spécialités françaises, leur apporte à domicile des commandes et la fortune. Tel est à peu près le sort de nos plus belles draperies, celles d'Elbeuf par exemple. Les autres ont renouvelé leur outillage et leurs procédés, remué de fond en comble la fabrication, tenté les genres les plus différents et les marchés les plus lointains : ainsi Roubaix passe sans effort des tissus mélangés à la laine pure, comprend qu'il fait froid en Russie et qu'il ne fait pas toujours chaud en Chine, noue des relations avec le nord de l'Europe, les pays slaves, l'extrême Orient, et se demande jusqu'à quel point l'Océanie se montrerait rebelle au mérinos. Quel est le résultat de cette activité ? L'exportation de nos tissus de laine s'élève en quatorze ans (1859-1873) de 180 millions de francs à 325 ; celle des tissus au coton varie entre 67 millions et 77.

Nous avons en France notre pays de la soie. Cette région s'étend tout autour de Lyon, au nord jusqu'aux limites de Saône-et-Loire, à l'ouest jusqu'à la Corrèze, au sud et à l'est jusqu'à la frontière. Lyon est le pivot de toute la fabrication, bien que le département du Rhône ne soit pas le plus riche en filatures.[1] Voilà une industrie bien française, mais aussi elle semble circonscrire le génie de notre race ; la soie sera toujours l'accompagnement ou le semblant du luxe ; en expédier dans l'extrême Orient serait envoyer de l'eau à la rivière ; en offrir aux peuples qui se contentent d'une ceinture de

---

1 Voyez les représentations graphiques des industries dans un volume publié par le ministère du commerce sous ce titre : *Statistique sommaire des industries principales en 1873* ; pour la soie, cartes n° 13, 14 et 15.

feuilles serait méconnaître la nécessité des transitions. Montrons-nous satisfaits de défrayer l'Europe et les États-Unis ; faisons quelques tentatives partout où de l'argent oisif se joint à des goûts européens, et considérons la soie comme une des ressources les plus larges et les plus productives du commerce de luxe, car l'exportation de la soie nous rapporte un demi-milliard. A mesure que nous avançons, le caractère, non pas unique, mais saillant de notre industrie se dessine plus nettement. Négligeons dans ces grandes lignes le chiffre relativement faible de notre exportation métallurgique, bien qu'elle soit une ressource croissante pour les départements du centre, et qu'elle tire une grande valeur de nos aptitudes mécaniques. Allons droit à Paris, qui, même en fait d'industrie et de commerce, est toujours plus français que la France. Tout le monde a remarqué, dans les quartiers marchands, ces longues files de solliciteurs qui, généralement munis d'une boîte carrée, stationnent le matin devant certaines portes. Ce sont les petits fabricants en quête de commandes pour l'exportation ; ils vont offrir leur marchandise à un commissionnaire, fort gros personnage, qui les attend tranquillement chez lui. Celui-ci court les risques, expédie à l'étranger, dispose des ordres. Il se rapproche du *general-merchant*, qui mène les grandes affaires de l'autre côté de la Manche, et il paraît à l'étroit dans son rôle de commissionnaire, car le code, ne prévoyant pas qu'un jour les rôles seraient renversés, fait peser sur lui de lourdes responsabilités à l'égard de ces petits industriels qu'il connaît à peine de vue. Il a bien d'autres fournisseurs : Anglais, Suisses, Belges, Allemands, lui envoient des échantillons de tous les produits analogues à ceux qu'il exporte, et Paris devient ainsi l'intermédiaire recherché, le patron de l'exportation étrangère pour tous les articles de goût. Qui pourrait embrasser l'ensemble de ce commerce ne verrait d'abord qu'un amas incohérent des objets les plus divers, depuis le bronze d'art jusqu'aux jouets d'enfants, des meubles de cuisine avec des fleurs artificielles ; ici un carrosse, là une pièce de toile toute simple, puis un mélange prodigieux de grave et de grotesque, un instrument de précision auprès des babioles les plus extravagantes. On a trouvé une catégorie commode où loger tous les objets dont la destination paraissait problématique : c'est l'article-Paris. Pour le reste, on s'imagine facilement qu'on a sous les yeux des produits de la France entière, et l'on a raison ; seulement Paris appelle à lui, dans chaque branche d'industrie, les fabrications les plus fines, les superfluités, les accessoires du luxe, de la science et des arts, en un mot tout l'appareil d'une civilisation avancée, et, comme s'il avait une vertu spéciale pour mûrir ces fruits-là, les caisses qui partent à l'étranger frappées de son estampille ont doublé de valeur.

Section II

Voilà un aperçu rapide de nos ressources ; peut-on les caractériser ? L'opinion la plus répandue, c'est que la France n'est réellement supérieure qu'en fait d'art, de science et de goût. L'Anglais, dit-on, fabrique pour l'homme qui entre dans la civilisation, le Français pour celui qui commence à la comprendre. Donc nous n'aurons jamais assez de souplesse pour nous plier aux mœurs des vieux peuples de l'Orient, ni assez de clairvoyance pour discerner les appétits des sociétés primitives. On en conclut que notre marché est nécessairement restreint.

Cependant, si notre influence croît en raison directe de la civilisation européenne, comme celle-ci gagne tous les jours du terrain, notre horizon s'étend aussi de jour en jour. D'autre part, nos aptitudes industrielles sont-elles aussi bornées qu'on le dit ? Faut-il croire que les qualités de notre race déterminent d'avance le cercle de notre activité, ou bien ce tour d'esprit n'est-il pas la conséquence moins respectable de notre régime économique, de nos institutions séculaires ? Montesquieu disait déjà que le commerce de luxe est particulier aux états monarchiques : nous aurons donc aussi un commerce républicain. Sans appeler la politique à notre aide, voyons les faits. Dans toutes les branches d'industrie, et surtout dans les laines, ceux qui ont tenté d'exporter les objets de grosse fabrication réussissent, quoique Français. La métallurgie elle-même, malgré le désavantage du sol, cherche, et trouve des débouchés au dehors. Si la moyenne de nos profits se tire des articles de luxe, les moyennes ne sont pas des lois en industrie : on a tort de raisonner toujours comme s'il s'agissait de lois fatales, du rendement de la terre par exemple. Les faits industriels sont plus humains, plus libres ; ils relèvent plus directement de l'initiative :

ce que l'un a pu faire, l'autre le fera. Enfin les spécialités françaises dans lesquelles nous serions parqués par la nature se transforment avec le régime économique ; à chaque instant, des fabrications fines s'effacent devant des objets de première nécessité ; les petits procédés, d'où naissent les petits succès, s'éventent bien vite, et cependant notre mouvement d'affaires ne cesse de croître.

Une objection beaucoup plus grave est fondée sur les dispositions morales de nos négociants. Tout ce qui reste d'originalité provinciale se manifeste aujourd'hui dans la seule carrière active qui n'ait point été centralisée soit par les lois, soit par les mœurs, c'est-à-dire dans les affaires : entre Marseille et Bordeaux, Nantes et Le Havre, Elbeuf et Roubaix, l'esprit et les dispositions diffèrent. Une partie de ces divergences résultent de la révolution économique, que les uns et les autres ont embrassée ou repoussée avec plus ou moins d'ardeur. Même dans le camp du libre échange, quelle différence entre le Marseillais, qui compte avant tout sur sa propre énergie, et le propriétaire vinicole, qui accepte la liberté parce qu'elle ne peut entamer son monopole naturel ! La confiance de ceux-ci, la timidité de ceux-là, sont évidemment le résultat des habitudes prises. Ici la sécurité, plus loin le haut patronage industriel, accompagné souvent d'un grand rôle politique, ont absorbé ou refroidi l'ambition du négociant et détourné son esprit des entreprises à longue portée. Celui-ci a vécu de son usine, celui-là de son commerce, comme les grands seigneurs vivent de leur terre, et les négociants les mieux faits pour la liberté ont gravité naturellement autour des premiers, dont ils étaient les pourvoyeurs.

Voici un autre résultat de nos traditions économiques : la prudence exagérée et la défiance à l'égard du crédit. Sur ce point, les mœurs américaines offrent avec les nôtres le contraste le plus saisissant : un Américain vit de crédit ; dès qu'il a un mouton, il cherche à en dédoubler la valeur par un emprunt ; il escompte même l'espérance d'un mouton, et trouve des capitalistes confiants qui lui prêtent sur sa bonne mine. Ainsi tous les biens qu'il acquiert comptent double, tous ceux qu'il espère devancent la réalité, à la condition de ne point suspendre un seul instant le mouvement producteur : s'il s'arrête, les espérances s'évanouissent en fumée, les valeurs empruntées s'avilissent, comme l'or se change en feuilles mortes dans la main du rêveur qui s'éveille. Voilà un peuple tout entier tourné vers l'avenir ; il pousse à l'extrême l'ardeur et la confiance, mais du moins il comprend qu'un capital, une marchandise, une idée, ne doivent jamais rester oisifs un seul instant, tant qu'il y a des banquiers dans le monde. Chez nous au contraire, que de temps et de capital perdu ! Que de minces opérations prolongées de mois en mois et qui aboutissent à un dénouement vulgaire sans avoir profité de la vitesse acquise ! Les Anglais, avec un système de crédit mieux équilibré que celui des Américains, sont cependant beaucoup plus hardis que nous : chez eux, toute opération de commerce extérieur a une double face ; le *general-merchant* achète pour importer avant même d'avoir écoulé son stock d'exportation. C'est qu'il trouve des banques toujours disposées à lui faire des avances sur la marchandise consignée. Il dispose ainsi de son crédit pour s'engager dans une spéculation tout à fait différente ; les deux phases de l'entreprise se liquident au retour par un double profit sans déplacement et sans perte de temps. Chez nous, rien de semblable. Le commissionnaire lui-même, malgré ses vastes relations, ne peut, à l'exemple des marchands anglais, ajourner le bénéfice de l'opération en l'agrandissant. Il est prudent et ne s'aventure pas volontiers au-delà de ses ordres ; il ne rencontre à l'étranger qu'un petit nombre de banques françaises fondées par le Comptoir d'escompte ; enfin sa clientèle est récente, il craint de la perdre et dispose en faveur de ses commettants du crédit qu'il pourrait employer dans une opération de retour, en leur accordant des délais pour payer. Qu'en résulte-t-il ? Presque toujours le remboursement des exportations se fait en France par traites ou lettres de change, dont la plupart sont tirées sur la place de Londres ! Le crédit est donc tout à l'avantage des Anglais, puisqu'il faut user de leur intermédiaire pour se faire payer. Quand les Français se feront-ils directement rembourser en marchandises d'importation puisées dans le pays même où ils exportent ? Déjà Marseille, Bordeaux, Le Havre, Saint-Étienne, Paris, appliquent timidement cette méthode, et cumulent quelquefois la qualité d'acheteur avec celle de vendeur, non sans scrupule. Nous avons de la peine à jouer grand jeu ; chacun se cantonne dans sa petite province et préfère exercer séparément soit l'importation, soit l'exportation. Or en saine économie les deux faits sont inséparables ; ils réagissent perpétuellement l'un sur l'autre, et les chiffres prouvent que dans un pays bien portant ils tendent toujours à se compenser, de même que la respiration d'un être vivant exige deux mouvements alternatifs. Si on néglige de les pratiquer simultanément, il faut attendre, après avoir exporté, qu'une nation voisine importe pour notre compte, et cet intermédiaire veut être payé ; ce n'est pas pour la gloire que les Anglais se font nos rouliers et nos entrepositaires. On pourrait déterminer exactement la perte nationale qui résulte de ce détour ; ce que nous abandonnons à l'intermédiaire, c'est le prix de la vitesse, les spéculations que l'on peut faire sur la connaissance du marché, la hausse ou la baisse qu'il faut saisir au passage. Nous ressemblons à un capitaliste qui vend au cours le plus bas et qui abandonne la différence à son agent de change.

Quant au dommage moral, il est incalculable : la spéculation directe avec les pays lointains est un aiguillon d'activité. Nous restons à moitié chemin, semant partout des relations à peine ébauchées, mais nous ne fondons rien nulle part. De plus, n'ayant pas besoin de connaître l'état du marché, nous répugnons à nous expatrier ; qu'importe le gain que nous réalisons chez nous, si nous négligeons tout le bénéfice de la lutte, l'expérience qu'on acquiert sur les grands chemins, les dangers bravés, la science acquise, en un mot tous ces accessoires du grand commerce, plus importants que le commerce même ? Tirer un meilleur parti de nos ressources actuelles, pratiquer largement les entreprises lointaines, et ne rien laisser perdre des germes qu'elles ont semé, nous préparer au loin des correspondants qui connaissent parfaitement le double mécanisme des opérations, voilà ce qui doit, d'un commerce prospère, mais un peu passif, faire une propagande active et nationale.

Section III

Une fois d'accord sur le but, les chambres de commerce interrogées vont nous suggérer les moyens de l'atteindre. D'abord le ton de leurs réponses est très frappant : on n'y trouve aucune trace d'abattement, mais elles révèlent un certain esprit d'initiative qui repousse la tutelle gouvernementale. Les retours vers le passé sont très rares, les réformes sont en général vaillamment acceptées, l'ancienne routine combattue, et l'intervention de l'état réclamée seulement dans les cas indispensables. A l'état, on ne demande pas de vaste plan qui change d'un seul coup la face de notre commerce, point de grand homme, mais aussi pas de brouillons ni de financiers maladroits : que le gouvernement s'abstienne, s'il veut, mais qu'il ne gêne point, et, s'il a le goût d'intervenir, qu'il exécute simplement ce qu'il a promis.

La première condition pour marcher, c'est de n'avoir pas d'entraves aux pieds. Aussi l'héritage de la guerre pèse lourdement sur notre commerce, ce sont des charges inévitables ; mais les négociants reprochent à nos ministres de les avoir aggravées par une répartition défectueuse. La plupart des chambres de commerce considèrent comme funeste le procédé qui consiste à reprendre en détail toutes les matières utilisées par le commerce et l'industrie. Elles ne prétendent pas s'affranchir des devoirs qui incombent à tous les citoyens ; mais elles préfèrent un impôt sur le revenu, sur les profits. Voici leur raisonnement : il y a deux espèces de matière imposable, la richesse en formation et la richesse définitivement acquise. Par exemple, un produit qui est encore dans l'usine et qui n'a pas reçu la dernière forme, c'est de la richesse en formation ; au contraire le bénéfice net encaissé par l'industriel, de même que le revenu du propriétaire et du rentier, c'est de la richesse acquise ; selon l'expression consacrée, elle entre en jouissance. Quand on frappe le produit encore imparfait, d'abord on risque d'appauvrir le pays, parce que l'impôt vient se mettre en travers de la production ; ensuite on frappe aveuglément, sans savoir quel est le véritable contribuable : est-ce le consommateur, comme le soutiennent les économistes ? Mais, s'il restreint ses besoins, tout le fardeau retombe sur l'industriel. Celui-ci est-il toujours atteint ? Mais, quand la consommation ne peut être éludée, il tire un prétexte de l'impôt pour augmenter ses bénéfices. Ainsi, quand on multiplie outre mesure les impôts indirects, inégalité, incertitude, ralentissement des affaires : triste charge qui augmente, non pas en proportion du produit net, mais en proportion des efforts et de l'activité dépensés. Pourquoi les fabricants seraient-ils en quelque sorte les trésoriers du public, chargés de faire l'avance des contributions qui seront plus tard réparties sur un nombre infini d'acheteurs ? Est-il conforme à la justice de leur enlever momentanément un capital productif, et surtout de laisser dans le vague ce qu'ils auront à supporter pour eux-mêmes par suite des chances de la vente ? Aucun de ces inconvénients n'est à craindre quand l'impôt porte directement sur la richesse acquise : là, l'effort est fait, le travail consommé, l'opération close ; on ne saurait se tromper sur la personne du contribuable, car la richesse imposable est désormais classée dans les compartiments de la propriété privée. Quand les industriels sauront qu'au bout de l'année l'état doit prélever tant sur leurs bénéfices, sûrs désormais de leur part contributive, ils n'en travailleront qu'avec plus d'ardeur pour accroître la portion libre d'impôts. En fait d'exportation, malgré les combinaisons les plus ingénieuses, tant de taxes, petites ou grandes, qui atteignent le produit depuis l'entrée de l'usine jusqu'à la sortie du territoire ne sauraient être intégralement remboursées. — Tout le monde avouera que les impôts adoptés par l'assemblée nationale sentent l'expédient ; il ne s'est pas trouvé de regard assez ferme pour en saisir l'ensemble et en suivre les conséquences. Les financiers n'ont qu'une seule préoccupation : éviter les plaintes des contribuables, les frapper presqu'à leur insu, — en bon français plumer la poule sans la faire crier. Ils ont traité leurs compatriotes comme des enfants : pour ne point irriter tout le monde à la fois, on a saigné chacun séparément et successivement, en tâchant de faire croire aux autres qu'il leur en coûterait moins ; puis on a émis une théorie déplorable, à savoir que l'étranger doit payer une part de nos désastres ; on a oublié que cet étranger est un consommateur qui se dérobe à volonté. En un mot, l'œuvre de l'assemblée nationale, aux yeux du commerce, a le grave défaut d'atteindre sous toutes les formes les instruments de notre prospérité future en vue d'obtenir un soulagement passager.

Que dire par exemple de l'impôt sur la petite vitesse ? il a été signalé dès sa naissance comme une des plus grandes aberrations financières, et n'a eu pour lui que l'entêtement de l'inventeur. Quel étrange procédé, pour favoriser la renaissance industrielle et commerciale, que de frapper l'instrument nécessaire du commerce, les transports ! Pas d'illusion possible, ce sont bien les grosses marchandises que l'on veut atteindre, c'est la petite vitesse que l'on rend onéreuse : or qui ne sait que le principal, le seul avantage de la petite vitesse, c'est le bon marché ? Le commerce se heurte partout à la fiscalité : le morceau de carton qui sert aux emballages paie séparément, et ce mince accessoire va devenir un poids très lourd. On met un impôt sur les effets de commerce, et l'on ne prévoit pas que la plupart des lettres de change seront tirées sur la place de Londres, avec perte pour le crédit français. Le fisc n'est jamais si gênant que lorsqu'il s'érige en bienfaiteur et prétend savoir mieux que les négociants ce qui leur convient. C'est ainsi que l'état impose sa garantie et son poinçon aux objets d'or et d'argent qui doivent être vendus à l'étranger : en vain le commerce se fatigue à répéter qu'il connaît bien sa clientèle, qu'une fois sorti de France il ne subit d'autre loi que celle de la concurrence. « Si mes clients veulent du clinquant, laissez-moi leur en donner. » Vaine prétention : faire du clinquant, ce serait déshonorer la fabrication française, et il faut passer par le poinçon, coûte que coûte ! Quand il s'agit des froments étrangers, convertis en farine pour l'exportation, l'administration tutélaire limite à un seul bureau de douane la faculté de compensation des entrées et des sorties. En un mot, si le régime protecteur est mort, certaines théories condamnées revivent çà et là sous le couvert du fisc. Celui-ci croit encore avoir un droit antérieur et supérieur qui lui permet de traiter comme pays conquis la *matière imposable*.

La question des transports est bien grave pour un commerce dont la moindre opération dépasse toujours la frontière. Les chambres de commerce envisagent la carte des chemins de fer sous un aspect très particulier ; elles ne s'occupent pas de savoir si les grandes compagnies ont tort ou raison contre les petites ; elles ne s'inquiètent ni de l'ancien, ni du nouveau réseau, ni du déversoir, ni de la garantie ; ce qu'elles veulent, ce sont des tarifs uniformes et commodes. Cette belle régularité, qui est l'honneur des chemins de fer français et qui a trouvé ici même des défenseurs bien informés, cette régularité s'évanouit quand on entre dans les complications du tarif : classement des marchandises, tarifs d'exportation, de transit, tarifs spéciaux, c'est un dédale où le plus habile négociant se perd quelquefois. La plupart de ces inégalités sont présentées comme des faveurs, et réellement elles sont un progrès relatif, car les tarifs inscrits au cahier des charges des compagnies seraient aujourd'hui absolument inapplicables ; mais un maximum fixé par l'état lorsqu'il était impossible de prévoir le rôle que les chemins de fer devaient jouer dans notre économie commerciale peut-il justifier l'existence d'un système compliqué et bizarre ? Les prétendues exceptions au tarif général sont devenues la règle ; néanmoins elles sont abandonnées à l'arbitraire des compagnies. Celles-ci font avec le commerce un singulier marché : « Je vous accorde, disent-elles, un tarif spécial ; seulement je réglerai la vitesse comme il me plaira. C'est à prendre ou à laisser ; autrement le tarif général est là… » Un tarif abaissé n'est, dit-on, jamais relevé ; mais compte-t-on pour rien la menace toujours suspendue sur le négociant, le temps perdu à force de délais, et surtout l'inégalité des concessions sur deux ou trois réseaux qu'une marchandise emprunte pour gagner la frontière ? Les tarifs des compagnies du Nord et d'Orléans sont plus favorables que ceux des autres lignes. Sur la ligne du Midi, l'exportation paie plus cher que le transit. On ne sait pourquoi certaines marchandises ne peuvent obtenir de tarif spécial : par exemple, les glaces de Montluçon, le charbon d'anthracite de Chambéry. Si l'on dressait une carte des tarifs, comme on a fait pour le réseau, on verrait partout des lacunes, des interruptions, deux ou trois changements sur un trajet très court. Il suffit de la résistance isolée d'un directeur pour faire manquer l'occasion ou le profit de la plus belle affaire. Les vitesses ou, pour parler plus exactement, les lenteurs ne sont pas moins inégales. Il faut à une marchandise 16 jours pour aller de Reims à Marseille, 19 jours de Dijon au Havre, 20 jours de Dijon à Bordeaux, 18 ou 24 jours de Dijon à la frontière belge, tandis qu'il faut seulement 9 jours pour aller de Rouen à Marseille, et 9 jours aussi de Rouen à Saint-Nazaire. Sur beaucoup de points, les chambres affirment que les délais actuels ne sont pas inférieurs à ceux de l'ancien roulage. D'ailleurs les délais réglementaires dépassent de beaucoup la vitesse réelle ; la marchandise séjourne en gare, bien inutilement pour les compagnies, fort mal à propos pour les négociants. Plusieurs chambres demandent la suppression complète de la petite vitesse pour les marchandises de valeur, ou l'établissement d'une vitesse moyenne comme en Angleterre, et s'efforcent de démontrer que la célérité des expéditions égale en importance le bon marché des transports. Quel que soit le régime des chemins de fer, ces griefs se recommanderont de plus en plus à l'attention publique : si les grandes compagnies sont libres, qu'elles organisent une entente, comme elles savent très bien le faire quand leurs intérêts sont en jeu, — si la concurrence l'emporte, qu'on lui laisse le soin de ramener le tarif au taux le plus bas possible ; mais, si l'état exerce un contrôle, que cette intervention soit efficace, et que le gouvernement impose aux compagnies le programme suivant : développement des tarifs d'exportation, uniformité de ces tarifs entre eux, égalité avec les tarifs de transit, révision de tous les tarifs spéciaux en vue d'établir une législation homogène, et réforme des délais de petite vitesse.

Dans les contrées lointaines où nous devons pousser notre propagande commerciale, en quoi le gouvernement peut-il appuyer ces missionnaires d'un nouveau genre ? Il a sous la main une armée de consuls répartis dans le monde entier et le plus souvent grassement payés. L'honneur du nom français les maintient encore dans des lieux d'où notre trafic est absent, et, faute de mieux, ils sont réduits à faire de la politique. Ne sont-ce point des escadrons tout préparés pour nous déblayer le terrain ? n'est-ce point un avantage que d'avoir dans tous les déserts quelques hommes cultivés auxquels s'adresser d'abord ? Cependant les rapports entre nos consuls et le commerce sont singulièrement froids. On dirait que les premiers craignent de se commettre avec les négociants ; ceux-ci s'adressent de préférence aux consuls étrangers pour les informations ; les chambres de commerce, comme corps constitués, n'ont aucun rapport avec nos agents. Rouen a demandé pendant six mois des renseignements sur les tissus de coton consommés au Brésil, et n'a pu les obtenir. Chalon-sur-Saône, après une tentative du même genre, a reçu cette réponse : les consuls ne donnent pas de renseignements. Lyon reçoit dans ses murs la plupart des ministres plénipotentiaires qui partent pour le Japon ; ces dignitaires mettent le plus louable empressement à s'informer de l'industrie séricole, ils promettent des montagnes de documents, puis, une fois partis, ils ne donnent plus signe de vie. A qui la faute ? Au public d'abord, qui ne lit pas les travaux des consuls dans les *Annales du commerce extérieur*, peut-être aussi à la forme de cette publication savante et compassée qui, pour être mieux mûrie, manque souvent d'opportunité. Les recueils consulaires d'Angleterre et de Belgique offrent le modèle de publications plus courantes, plus personnelles, plus rapides. Chez nous, les qualités propres des consuls disparaissent dans la grande machine administrative, qui absorbe leurs travaux, les digère, les transforme, les fait passer par une série de laminoirs, et restitue enfin au public une poussière impalpable, dépourvue de saveur et d'originalité. Pourtant rien n'est plus franc, plus ouvert, plus abordable, plus dégagé des préjugés nationaux, qu'un consul intelligent qui a quelques années de résidence. Que les consuls et les commerçants n'apportent pas les mêmes vues sur le sol étranger, c'est inévitable et c'est fort heureux ; mais ils sont destinés à s'appuyer mutuellement, et il faut dissiper tout malentendu soit en groupant les négociants autour des consuls, soit en simplifiant la filière administrative qui met ces derniers en rapport avec le commerce de la métropole.

L'essentiel est de changer l'esprit de cette petite armée répandue sur le monde. Généralement ceux qui en parlent ne la connaissent guère. L'état-major se compose de consuls proprement dits ou consuls de carrière, formés avec soin par la métropole, tenus prudemment à l'écart de toute opération lucrative : s'ils mettaient la main à la pâte, leur fonction, leur dignité, leur influence, passeraient au compte des profits et pertes. Au lieu de protéger, ils combattraient pour leur compte. Les pays voisins ont trouvé la règle si bonne qu'ils l'ont adoptée. Nous avons seulement cent vingt postes de consuls dans le monde entier. Ceux-ci désignent et dirigent une légion d'agents consulaires d'importance et d'origine diverses. Non-seulement les fonctions subalternes ne sont pas interdites aux négociants, mais on choisit de préférence comme agents, dans les petites places, des négociants du pays. Ces consuls au petit pied, tout fiers de leurs maigres attributions, usurpent volontiers un titre qui n'appartient qu'à leurs chefs. De là plus d'un reproche injustement adressé au corps tout entier, et réellement mérité par un agent inférieur. Le véritable inconvénient du système gît dans le mode de recrutement de l'état-major. Il se forme d'abord à Paris, au ministère des affaires étrangères, ce qui n'est pas la meilleure manière de connaître les débouchés commerciaux. Ce département fournit à lui seul le cadre des élèves consuls, précieuse pépinière qu'on transplante du quai d'Orsay à l'étranger ; elle compte quinze têtes seulement. C'est peu pour défrayer cent vingt postes de consuls, sans compter les vice-consulats les plus importants, et cependant c'est encore trop, parce que le système, en raison même de son insuffisance, comporte beaucoup de passe-droits et d'exceptions. Si l'entrée de la carrière était plus large, le cours en serait moins disputé par des agents improvisés. Il suffirait pour cela de demander aux aspirants des preuves d'aptitude, plutôt que de beaux états de service comme surnuméraires. Il faudrait qu'une éducation diplomatique ne leur inspirât pas le plus profond dédain pour le poivre et la cannelle. Déjà le temps du surnumérariat est abrégé ; les épreuves qui le précèdent deviennent plus sérieuses ; les chancelleries et les vice-consulats, c'est-à-dire la pratique et l'expérience, fournissent leur contingent. L'opinion aidant, on peut espérer que les défenseurs naturels de nos intérêts lointains regarderont comme le plus beau privilège de leur charge de nous préparer des conquêtes pacifiques.

Ce ne sont pas seulement des conseils que le commerce français trouve à l'étranger : le pavillon français flotte encore sur bien des terres éloignées, sans parler de l'Algérie. On a beau nous refuser l'esprit colonisateur : en fait de colonies agricoles, nous n'avons guère de supérieurs que les Anglais, d'égaux que les Hollandais. Seulement ces deux peuples ont choisi deux systèmes bien tranchés : les premiers ont des colonies libres, grandissantes, traitant d'égal à égal avec la métropole ; les seconds se contentent d'une bonne ferme administrative, qu'ils exploitent sur le plus beau territoire de l'Océanie. La France hésite encore entre le passé et l'avenir. Elle a deux ou trois régimes différents pour ses possessions d'outre-mer. Les anciennes, Martinique, Guadeloupe, Réunion, languissent dans l'incertitude. On a voulu les rendre libres sans les détacher de la métropole, ce qui est contradictoire. Passe pour l'Algérie, qui, placée à nos portes, peut être gouvernée comme un prolongement du territoire ; mais pour nos colonies lointaines, est-ce assez de leur donner une place dans nos assemblées ? Y a-t-il équilibre, analogie, entre nos besoins et les leurs ? Un sénatus-consulte de 1866, assez ambigu dans les termes, accordait à leurs conseils-généraux une certaine latitude en matière de douane et d'octroi : elles se sont élancées avec ardeur dans cette voie, elles ont cru pouvoir disposer de leur tarif, mettre Français et étrangers sur le même pied. Aussitôt grand émoi dans le commerce de la métropole ; oubliant son libéralisme de fraîche date, il réclame l'exécution des anciens engagements, c'est-à-dire cette réciprocité impérieuse qui impose à nos colonies des relations françaises.

Le conseil supérieur du commerce a condamné la décision des conseils-généraux comme illégale. Les arguments ne manquent point pour démontrer à nos colonies qu'elles ne sauraient se suffire à elles-mêmes. En attendant, on ne leur permet pas d'essayer ; on les retient sous la tutelle énervante d'une majorité qui décide selon ses intérêts immédiats. La mesure pouvait être mauvaise : elle eût cependant porté les fruits de l'expérience. Triste penchant de l'esprit national, qui ne sait point affronter les chances diverses de la liberté, et qui, pour conserver des clients mécontents, perd des auxiliaires utiles !

Le commerce français juge plus sainement de l'avenir des colonies nouvelles. Celles-ci n'ont point à se débattre contre des traditions fâcheuses ; seulement la nécessité les maintient encore sous le gouvernement militaire. Une seule chambre, celle de Rouen, propose d'appliquer à la Cochinchine ou à la Nouvelle-Calédonie des procédés d'un autre âge. « Quoi ! dit-elle, pas le moindre privilège, point de faveurs à nous, contribuables français, qui avons fait tant de sacrifices pour ces établissements ? Pousserait-on la folie jusqu'à penser qu'ils se gouverneront eux-mêmes ? — Oui, répondent Paris, Bordeaux et les autres villes ; ils se gouverneront un jour, et jusque-là nous demandons que l'élément civil soit admis dans l'administration, qu'on vende à prix très bas des terres aux émigrants de tous les pays, qu'on ne cherche pas à étendre le territoire occupé, mais qu'on l'organise, que les étrangers soient traités sur le même pied que les nationaux, et la liberté commerciale appliquée partout. » Les chambres rappellent enfin que l'art de l'ingénieur a fort à faire dans ces contrées plus qu'à demi barbares, et qu'après tout, dans un pays libre, le gouvernement ne peut s'employer plus utilement qu'à construire des routes, organiser des stations sanitaires, opérer des relevés topographiques, élever des grues à vapeur, et faire des expériences intéressantes dans des jardins botaniques. Voilà la tâche paisible qu'on assigne à l'état : les commerçants se chargent du reste.

Section IV

Cela revient à dire qu'il faut avant tout des hommes hardis, persévérants, instruits, capables de s'expatrier : rien ne sert d'aplanir la route, si personne ne marche, et d'autre part les plus gros obstacles ne résistent pas à la puissance de la volonté. Celle-ci est à la fois l'instrument et le prix du commerce extérieur. Singulière faculté que l'énergie : nécessaire pour agir, développée par l'action, elle se fortifie à mesure qu'on la dépense ; un peuple est trop payé de sa peine quand il a réussi à faire des hommes. La commission et les chambres consultées ont également cherché dans les mœurs, l'éducation et les lois le principe de notre fortune commerciale. Il règne dans les réponses des chambres de commerce une certaine fierté qui prouve quelle haute idée les négociants se font de leur profession, avec quelle ardeur sincère ils appellent à eux les recrues. L'expérience et la situation personnelle des hommes qui attaquent si vivement les préjugés nationaux et qui paraissent si contents de leur sort doivent faire impression sur la jeunesse. Il se forme dans les hautes régions du commerce une majorité ferme, réfléchie, sensée, qui a sa place marquée dans la politique, et qui en toute question exercera une influence légitime sur l'opinion publique. A plus forte raison commande-t-elle l'attention quand elle se prononce sur ses propres affaires.

Gardez-vous de croire, disent ces négociants, que l'émigration proprement dite soit l'auxiliaire indispensable d'un grand commerce.[1] Sans doute, elle lui est utile : les ouvriers habiles, les artistes que la France envoie aux États-Unis répandent le goût des produits français. A Buenos-Ayres, les Basques ont attiré nos vins et nos tissus, et, pour le dire en passant, notre émigration n'est pas si insignifiante que l'on dit : le seul port de Bordeaux en 1873 recevait 1,724 émigrants français, sans compter les passagers des Messageries maritimes ; la plupart allaient dans l'Amérique du Sud, 195 à la Nouvelle-Orléans, 294 à la Nouvelle-Calédonie. — Mais nous sommes un peuple sédentaire ; soit, nous aimons notre pays. Eh ! croyez-vous que les Anglais, les Allemands, les Suisses, n'aiment pas aussi le leur ? Ils sortent pour acquérir, ils rentrent pour jouir de leur acquis. De 1861 à 1871, il est rentré dans la Grande-Bretagne 252,000 Anglais. Distinguons une fois pour toutes ce que l'on confond à tort : l'émigration définitive des

---

1 Les faits relatifs à l'émigration sont empruntes au très remarquable rapport de la chambre de Bordeaux. Sur l'éducation commerciale, M. Jacques Siegfried, dont la compétence est bien connue, a remis une note à la commission.

travailleurs, bonne pour coloniser, et l'émigration temporaire des jeunes négociants sortis de la classe bourgeoise.[1] Celle-ci, pour le moment, faute de mieux, nous suffit. N'allez pas vous écrier que les Anglais vous chassent de partout, qu'il est impossible de lutter avec la race saxonne. Les Anglais ne chassent personne, et la théorie des races n'a rien à faire ici. Voici des Allemands, des Suisses, des Italiens, aussi habiles qu'eux, plus habiles même, parce qu'ils sont plus savants. Vous n'avez, dites-vous, ni relations, ni crédit, ni correspondants, ni cette atmosphère commerciale que le jeune Anglais respire dès le berceau ? Ignorez-vous donc que le télégraphe a changé la face du monde, qu'il vous donnera en deux heures plus de crédit et de renseignements que le meilleur correspondant ? Croyez-vous qu'on puisse se contenter, par le temps qui court, de ce frottement des affaires que vous enviez à vos voisins ? que cela dispense de connaissances étendues, d'aptitudes variées ? La science et le caractère ne mettent-ils pas tout le monde sur le même pied ? Souplesse d'esprit, promptitude de décision, étude approfondie de presque tous les pays ; voilà qui vaut tout un héritage de relations et qui abrège la routine de l'apprentissage.

Ceux qui pensent ainsi n'ont pas manqué d'emprunter aux Allemands leur moyen de succès ; ils ont fondé des écoles de commerce. Nous n'avons pas à étudier ces belles institutions, auxquelles on a consacré tantôt de gros livres, tantôt des pages vigoureuses. Indiquons seulement l'esprit qui domine parmi les chambres de commerce en matière d'éducation : quelques-unes se défient encore de l'enseignement théorique ; mais « le temps n'est plus, dit Bordeaux, où les jeunes gens pouvaient passer de dix à douze ans dans un comptoir pour apprendre, en tâtonnant, une partie de ce qu'ils acquièrent en deux ans dans les écoles de commerce. » D'ailleurs peu ou point d'intervention de l'état ; les écoles se fondent toutes seules, avec l'argent des particuliers, chose inouïe et qui s'est vue pourtant à Lyon, Marseille, Le Havre, Rouen et Bordeaux ; pas de programme officiel et fixe, la plus grande liberté sur le règlement intérieur ; des bourses de voyage distribuées à titre de récompenses, quelquefois même les frais de premier établissement offerts par la chambre de commerce aux sujets les plus distingués. A l'état, on demande sa sanction pour

---

1 Rapport de M. J. Siegfried, p. 3.

l'octroi du diplôme que les écoles délivrent, et la présence aux examens d'un personnage plus ou moins officiel ; il faut bien faire quelque chose pour ces pauvres pères de famille qui aiment tant l'administration. On achèvera de les séduire, si le gouvernement veut bien ouvrir aux élèves des écoles de commerce les consulats, les ports, les douanes, etc. Rassurez-vous, honnêtes gens, vos fils ainsi préparés, s'ils font de piètres négociants, pourront encore conserver la noble ambition d'être douaniers ou gendarmes. Ce qui est plus important, le diplôme, selon le vœu des chambres de commerce, donnerait des droits au volontariat d'un an, et les élèves des écoles profiteraient du sursis d'appel dont il est question dans l'article 57 de la loi militaire du 27 juillet 1872. On demande à l'état quelque chose de plus difficile : c'est d'inviter l'université à tenir la balance égale entre l'éducation classique et l'enseignement spécial fondé par M. Duruy. Certainement, si les proviseurs songeaient moins aux concours généraux, s'ils ne dénigraient pas, même à leur insu, cet enseignement pratique placé sous leur égide, si le discours latin ne passait pas pour la nourriture des forts et la géographie pour le pis-aller des incapables, nos affaires n'en iraient pas plus mal.

A force de remonter la chaîne des causes qui exercent leur influence sur le commerce extérieur, les chambres de commerce ont poussé jusqu'aux mœurs. Elles ont traité de l'éducation en général, de notre préférence pour certaines carrières, du fonctionnarisme, que dis-je ? de la liberté de tester. M. Le Play a trouvé en elles des auxiliaires inattendus ; les unes ont présenté la liberté testamentaire, avec application du droit d'aînesse, comme une des principales causes qui contraignent les Anglais à chercher fortune hors de leur pays, et elles ont raison ; les autres y voient le mobile de l'émigration allemande, ou même l'origine de nos grands établissements d'avant 1789, en quoi elles se trompent, car la faculté de tester est très limitée en Allemagne, et chez nous, avant la révolution, les restrictions, sauf pour les biens nobles, étaient plus sévères qu'à présent. Assurément, dès que les négociants sortent de leur domaine, leurs informations sont moins sûres, leurs attaques plus passionnées ; mais comme ces critiques de notre caractère contiennent une bonne part de vérité, et qu'elles sont dans toutes les bouches, il est nécessaire de les examiner posément, afin de vider une fois pour toutes cette vieille querelle.

D'abord les reproches s'adressent, non pas à toute la nation, mais à une classe de la nation, à la bourgeoisie aisée. S'expatrier, braver les dangers et affronter les climats, tout cela n'est pas incompatible avec la hardiesse et le courage de la race française ; mais la bourgeoisie, très soucieuse des intérêts matériels, a une façon particulière de les traiter qui tient à son éducation et à son histoire. Comment élève-t-on les jeunes gens qui, par situation, seraient aptes au grand commerce ? On leur donne les idées les plus vastes et les plus générales qu'il soit possible ; dans cette université où l'on vient pour ainsi dire chercher le droit de bourgeoisie, la forme de l'enseignement est démocratique, le fond est aussi aristocratique qu'avant la révolution. Ce sont les habitudes d'esprit, les goûts littéraires de l'ancienne aristocratie, avec l'esprit de logique des anciens légistes. Voilà l'idéal : exprimer de beaux sentiments dans un beau langage, ou bien raisonner *a priori*. Il ne s'agit pas de savoir si le système est bon ou mauvais ; mais encore est-il que la bourgeoisie française, qui, en politique, a fait, table rase du passé, vit par l'esprit dans le passé, avec le désir insatiable de s'égaler au type qu'elle a conçu. Il en résulte que les hommes de valeur, chez nous, sont très supérieurs à leur condition, et que les hommes médiocres s'y croient supérieurs. Chacun, ramené violemment vers les préoccupations de la vie, garde toujours un coin de soi-même plein de regrets, d'amertume et d'espérances trompées. Quels sont les caractères que nos romanciers, nos écrivains tracent de préférence ? Des âmes où le développement intérieur est poussé à ses dernières limites ; tantôt elles se renferment dans une fierté solitaire et le mépris du monde, tantôt elles sont en révolte ouverte contre la société. Rien de pareil chez les Anglo-Saxons. Le grand nombre reçoit une éducation où les mobiles d'énergie sont avant tout développés. Une morale simple, beaucoup de faits, quelques croyances solides, voilà le bagage scolaire que les jeunes Anglais reçoivent à l'entrée de la vie. Ils ne sentent pas de disproportion insurmontable entre ce qu'ils font et ce qu'ils rêvent ; ils appartiennent tout entiers au présent. S'ils ont de l'ambition aristocratique, elle peut être satisfaite par l'acquisition de la richesse ; on recherche la vie large, l'influence, le côté solide de l'aristocratie.

Nous venons de voir quel est notre idéal : descendons de cette hauteur vers les faits. Combien de nous retombent pesamment sur eux-mêmes ! L'oisiveté est encore chez nous une tradition aristocratique qui s'affaiblit de jour en jour. Ce sont les souvenirs de la noblesse qui fournissent des modèles au fils de famille oisif et élégant. Parmi les peuples vraiment laborieux, nous sommes encore celui où il est le mieux porté de ne rien faire. Bien des hommes intelligents sont ainsi détournés des grandes entreprises par la facilité de la jouissance, et de vastes capitaux restent inactifs entre leurs mains. Le type, il est vrai, a dégénéré ; ce n'est plus l'homme à grands sentiments de 1830, le mystérieux séducteur, l'épouvantail des ménages bourgeois ; c'est un avorton qui périra par le ridicule. De plus en plus, la nécessité du travail se fait sentir pour tous.

Un idéal de meilleur aloi pousse la bourgeoisie vers les occupations qu'elle estime les plus nobles. Ce n'est pas le désir de sortir de sa condition qui est particulier aux Français, ce sont les moyens qu'ils emploient. La distinction des professions dites *libérales*, l'une des plus attaquées et des moins comprises, est une idée toute française et très historique ; elle remonte au temps où le tiers-état ne disposait que de deux ou trois carrières pour acquérir l'influence et la considération. De même Tocqueville a démontré que le goût pour les fonctions publiques n'était pas né d'hier, et qu'il est un héritage de l'ancien régime. Il est en accord avec notre éducation, parce qu'il comporte une assez grande somme d'idées générales et flatte notre esprit spéculatif. Rien ne plaît mieux à un Français de race que de s'oublier dans la contemplation de quelque chose de plus grand que soi, en méprisant les soucis vulgaires de la vie. Cependant ces carrières, si recherchées de la bourgeoisie intelligente, sont encombrées ; elles n'accordent que tard les bienfaits qu'elles promettent ; elles deviennent souvent un prétexte, quelquefois même une cause d'oisiveté. Les ambitions très hautes, quand elles se multiplient, supposent beaucoup d'avortements. C'est ainsi que les fonctions publiques, qui forment tant d'hommes distingués, servent aussi de manteau à l'inertie, et que beaucoup s'endorment à l'ombre du grand arbre. Quant à ceux qui prennent le parti de gagner leur vie par le commerce ou qui sont assez sages pour y diriger leurs enfants, un trait les distingue de leurs compétiteurs étrangers et prouve qu'au fond ils partagent les idées de leur classe. Ce trait, c'est l'esprit d'économie opposé à l'esprit d'aventure et de spéculation. Cette économie, nous en sommes fiers, non sans raison ; mais elle ne témoigne pas seulement en faveur de notre sagesse et de notre prévoyance, comme on ne cesse de le répéter : poussée à ce point, elle n'exprime plus le besoin d'améliorer sa condition, elle trahit l'espoir de s'en affranchir. Le Français s'occupe activement des intérêts matériels, mais il vise plus loin. A quoi ? Souvent il ne le sait pas lui-même ; il rêve toujours un moment où sa fortune sera le point de départ d'une autre carrière, peut-être l'occasion de loisirs intelligents, et quand enfin il s'aperçoit que le pli est pris, que son travail absorbe toutes ses facultés, c'est pour ses enfants qu'il rêve un avenir. Cette disposition ne cède qu'aux avantages d'une situation flatteuse et prépondérante, comme on en voit dans la haute industrie. Or il est clair qu'une ambition de pareille étoffe ne dépasse guère les bornes de la mère-patrie ; elle brigue le suffrage d'une société, intelligente sans doute, mais un peu restreinte ; elle a des idées de salon plutôt que des opinions de place publique. Pour s'en convaincre, il suffit de voir l'étonnement d'un Français quand il entre en contact avec des étrangers : non qu'il se croie supérieur à eux, mais il est accoutumé à considérer certains préjugés nationaux comme des vérités indiscutables.

Le grand commerce demande un autre genre d'ambition. Il suppose qu'on aime l'activité commerciale pour elle-même. Il prend toute la journée d'un homme et ne lui permet pas de considérer son métier comme l'accessoire de sa vie. Il exige encore que les capitaux n'aillent pas dormir dans des placements sûrs, mais retournent sans cesse à l'action. Un Anglais ou un Américain désire aussi faire sa fortune, mais il emploie d'autres moyens : son argent travaille toujours ; un désastre ne tire pas à conséquence et se répare aisément. Le Français édifie pièce à pièce les fondements laborieux de son bien-être ; il établit dessus tout un échafaudage d'espérances. Pour de louables motifs, son cœur est avec son trésor, mais il n'est pas à la bataille. Aussi ce qu'il craint le plus, c'est un revers. On voit que ce penchant à l'économie n'est pas précisément un don de la sagesse, pas plus qu'il n'est le signe d'une apathie invincible : il montre simplement que nos ambitions sont ailleurs.

Les conséquences, on peut les déduire à l'égard des enfants :

assurer leur sort, expression bien française, c'est, pour les parents les plus intelligents, leur préparer la liberté d'esprit grâce à laquelle ils pourront satisfaire les ambitions du père. Que de déceptions, hélas ! pour ces tendresses de pères qui veulent continuer chez autrui une destinée incomplète ! Le premier soin des parents est de limiter le nombre de leur progéniture. D'autre part, dans un pays où l'on est plus curieux de conserver que d'acquérir, et où les enfants aiment mieux la médiocrité toute faite que la richesse à faire, ceux-ci s'attribuent une espèce de droit inaliénable sur les fruits du travail de leur père ; les exhéréder, ce serait leur refuser l'élément nécessaire de leur élévation, qui devient souvent le jouet de leur caprice. La loi, d'accord avec les mœurs, a réservé leur part. Les peuples commerçants au contraire pensent moins à faire des lettrés que des hommes, moins à leur transmettre la richesse que les moyens de l'acquérir. Ajoutons qu'en France, Dieu merci, un homme n'est pas absolument mesuré à l'aune de ses écus, que la médiocrité y est supportable, et que l'estime qu'on obtient dans d'autres carrières refroidit la passion commerçante.

Nous voilà tels que l'histoire et non la nature nous a faits. Il serait absurde de nier que les idées de la bourgeoisie n'aient un côté noble et élevé. Rarement on voit répandus de la sorte le goût des plaisirs de l'intelligence, le besoin d'embellir sa vie par les arts ou la science. Rien ne mérite plus de respect que ces carrières libérales où le talent est presque toujours une condition de l'activité. L'erreur consiste à croire qu'elles fournissent les seuls grands emplois intellectuels. Ne nous y trompons pas : elles ont, comme tout autre métier, pour but immédiat le gain. « Dans un pays démocratique, dit Tocqueville, toutes les professions ont un air de famille. » L'honneur véritable qu'on en tire consiste dans l'étendue et le rang des facultés qu'elles mettent en jeu. S'il en est ainsi, toute occupation n'est-elle pas libérale, au sens vrai du mot, quand elle exige et développe des facultés considérables ? On se figure trop chez nous qu'entre les différentes sortes de commerce il n'y a qu'une différence de degré et de profit. Beaucoup de gens ne préfèrent le marchand en gros au détaillant que parce qu'il gagne plus. C'est exactement comme si l'on mettait un saute-ruisseau sur le même rang qu'un notaire. Non-seulement il faut pour le grand commerce des connaissances étendues et précises, les longues prévisions de l'économie politique, un vaste horizon intellectuel, mais encore une espèce de science de gouvernement, l'art de manier les hommes, chose plus difficile cent fois que de diriger des machines, enfin l'étude attentive des peuples les plus divers : ce qui est bien aussi beau que d'interpréter des textes de loi.

Lorsque les Français auront compris cela, ils tourneront vers le commerce extérieur leur ambition, qui se ronge et se dévore elle-même. Personne ne les empêchera de revenir dans leur pays, ils n'abdiqueront aucune de leurs aspirations légitimes ; mais au lieu de chercher en dehors du cercle des occupations quotidiennes un aliment à leur activité, ils regarderont à leurs pieds : ramenés sans cesse par les nécessités de la vie au souci des intérêts matériels, ils verront qu'on peut faire un très beau chemin en appliquant son intelligence à ce qu'on fait. Ils ne seront plus entraînés malgré eux dans une foule de petits compromis, de démarches serviles, de situations dépendantes, à la remorque d'une ambition démesurée qui s'appuie sur des moyens trop faibles, et cet avenir sortira naturellement des conséquences de la démocratie, de la nécessité du travail, de la diffusion des sciences naturelles, de la curiosité salutaire qu'elles inspirent. L'éducation y contribuera sans doute en répandant les connaissances utiles ; mais il faudra d'abord que le préjugé soit exclu de l'instruction donnée par l'état. Malheureusement il se retranche dans l'université comme dans son fort ; les hommes remarquables dont elle est peuplée, fiers de leur désintéressement, en sont encore aux Romains pour l'économie politique. Certes, qu'ils continuent de nous faire des savants, des artistes, des lettrés ; il vaut mieux avoir une âme et en souffrir, que de se contenter d'un ventre ; mais, dans les plus hautes sphères de l'enseignement, aucune grandeur d'imagination ne les dispense d'inspirer à tous, gens d'étude ou de pratique, le sentiment le plus rare en France, le respect et le goût des faits contemporains. En attendant, les négociants ont raison de vouloir des écoles séparées, seule manière d'obtenir l'égalité. Pour la liberté de tester, la question perdra de son importance lorsque la richesse, sans cesse renouvelée, remplira plus rapidement les réservoirs de la propriété privée.

Énumérer les motifs qui doivent porter la jeunesse vers le commerce extérieur, c'est déjà en indiquer les bienfaits. Il est cependant un avantage sur lequel il convient d'insister, parce qu'il doit modifier tout particulièrement l'état de nos mœurs. Nous ne parlons ni de la prospérité publique ni d'un surcroît de bien-être qui, pour les classes laborieuses, est la première condition de moralité, ni de la conquête pacifique d'une grande influence au dehors ; cette œuvre nationale se recommande d'elle-même. Ce que le grand commerce peut nous rendre du jour au lendemain, ce sont les qualités d'action, les seules peut-être qui manquent à notre bourgeoisie. On a trop dédaigné ce facteur indispensable de la civilisation. L'action se présente d'abord sous la forme d'un mobile simple, souvent brutal, mais puisé à la source même de nos instincts, facile à comprendre, accessible à tous, et qui met l'homme aux prises avec les réalités. C'est un instrument qui peut, dans des mains barbares, se changer en énergie destructive, mais c'est un instrument nécessaire. Bien dirigé, il enfante la hauteur de cœur, la bravoure, la persévérance, la connaissance des hommes, l'habileté. On peut le comparer à l'alliage solide qui donne sa valeur au métal le plus précieux. C'est ainsi que la guerre, malgré ses funestes conséquences, a du moins le mérite de mettre l'homme tout entier en mouvement, développe chez lui des qualités extraordinaires, fait du sacrifice une vertu commune, un devoir journalier. L'homme est bâti de telle sorte qu'il n'atteint le plus haut point de ses facultés que par le mépris de la vie. Moins désintéressé, mais plus conforme à nos véritables destinées, le commerce offre une forme d'action populaire, s'inspire de motifs palpables, et non de sentiments abstraits ; il arrache à leur inertie la masse des esprits flottants, qui, dans un temps de controverse et de doute, seraient paralysés par l'indifférence, et, une fois l'impulsion donnée, le mouvement de la vie rentre avec son cortège d'émotions dans les âmes languissantes. Quel est le défaut du mobile lucratif ? Il rabaisse l'idéal. Les hommes sont moins fous, mais moins héroïques. Ils pourront être à la fois sensés et médiocres, soit : cela est inévitable, c'est une des suites de la démocratie ; mais ne voit-on pas précisément que ce mobile s'élève et s'épure quand on l'applique aux grandes opérations du commerce international ? On y brave des dangers, tantôt celui de la spéculation, tantôt le péril immédiat de la mer ou du climat. Il faut déployer une autre espèce de courage qu'à la guerre, mais il n'en faut pas moins. Il n'y a plus d'honneur à braver le danger sans nécessité, mais il y en a beaucoup à l'affronter, à le réduire, à l'enchaîner pour ainsi dire. Ce n'est plus un jeu de hasard, c'est une lutte savante contre les obstacles, une sorte de guerre livrée à la nature. Le combattant est brave et reste prudent : est-il une plus belle forme du courage ? Autre bienfait : le commerce qui se meut dans un cercle étroit a pour effet de rétrécir l'âme ; il fait de la concurrence une lutte entre concitoyens. Le grand commerce change le théâtre de l'action ; il met en cause l'honneur du pavillon, rappelle au négociant isolé des siens les mérites de la solidarité nationale, et lui restitue ainsi les mobiles patriotiques. Celui-ci est fier de mettre sur sa marchandise l'estampille de son pays.

Dans une civilisation déjà ancienne, cette énergie féconde, expansive, est le bien le plus désirable. Nous sommes précisément à la période critique : la famille, l'éducation, les mœurs nous prodiguent des dons infiniment rares ; on n'oublie que la faculté maîtresse, l'énergie. L'histoire montre que chez un peuple les qualités d'esprit naturelles ou acquises ne s'effacent que lentement, elles dégénèrent plutôt ; les qualités d'action se perdent les premières. Lessing parle d'un bel arc d'ébène, lequel, étant rude et grossier, unissait la souplesse et la force ; l'archer en fut si fier, qu'il le fit sculpter curieusement ; mais à l'usage, l'arc, trop orné, se rompit. C'était à nous, Français, que s'adressait l'apologue. Faisons-le mentir ; sachons quitter les douceurs du sol natal, nous détacher des jupes. A ce prix, l'arc nerveux pourra encore lancer la flèche.

Dans la vie publique, le haut commerce fait déjà pressentir son rôle. M. Guizot, trop Français en ceci, faisait deux parts de notre vie : l'une, la meilleure, que nous gardons pour nous, l'autre que nous mettons en commun sous l'impulsion de l'autorité centrale. Le problème en France est de trouver un principe d'association qui dépasse les bornes étroites de la famille et qui n'embrasse pas du premier coup le cercle trop vaste des intérêts généraux. Le commerce résout tous les jours ce problème. Il dispose les hommes à mettre spontanément en commun une partie de leurs actes et de leurs facultés en vue d'un résultat déterminé. Non-seulement les capitaux, mais les bonnes volontés s'unissent. Les fondations privées se multiplient ; des groupes indépendants, sociétés industrielles, chambres syndicales, etc., se forment pour la discussion des intérêts commerciaux et donnent à chacun le goût de s'occuper de ses propres affaires, — disposition nouvelle chez nous, que le despotisme a favorisée dans son aveuglement, et qui déjouera toujours en France les calculs du despotisme. Les âmes ne se divisent pas, et quand elles prennent goût à l'indépendance, elles en mettent tôt ou tard dans la politique.

On peut regretter que l'individu se dépense davantage au dehors et néglige son for intérieur, on peut avoir des préférences pour l'esprit de sacrifice, même quand il est commandé par une injonction de l'autorité ; mais il y aura désormais quelque chose entre les petites démarches de la vie privée et le jeu trop vaste des intérêts généraux ; c'est un principe d'action bien humble au début, s'adaptant merveilleusement à toutes les situations et pouvant servir les plus larges desseins : il prendra le citoyen chez lui et l'amènera sur la place publique par le chemin des affaires ; il lui enseignera le droit de contrôle, non plus départi à quelques élus ou exercé théoriquement par la presse, mais appliqué chaque jour par les hommes laborieux dans le cercle d'une association plus restreinte. Que ces vérités se répandent, et la cause du commerce extérieur est gagnée : des préjugés de race ou de classe entravent seuls l'essor commercial d'un pays dont les ressources sont infinies et les institutions libérales.

ISBN : 978-1981130108

www.ingramcontent.com/pod-product-compliance
Lightning Source LLC
Chambersburg PA
CBHW070140230526
45472CB00004B/1622

" Quelle que soit l'insouciance d'un peuple pour ses intérêts matériels, l'état de la civilisation ne cesse d'étendre le cercle de son commerce. Il suffit qu'il entre dans le concert des nations modernes pour voir grossir le chiffre de ses échanges sans aucun effort de génie ; mais il ne recueillera les véritables fruits de cette activité que s'il devance le courant au lieu d'y céder mollement. La France a toujours occupé un rang distingué parmi les nations commerçantes : ce qui lui restait d'établissements à l'étranger, la réputation de son sol et de son industrie, ont entretenu au dehors une activité salutaire. Cependant, après les efforts remarquables qui ont été tentés à la fin du siècle dernier, elle s'était montrée plus jalouse de défendre son propre marché que curieuse d'explorer celui des autres : idée fausse qui a longtemps pesé sur la liberté et la grandeur de son commerce.

C'est en 1838 que, sollicitées par les bateaux à vapeur, les grandes maisons de commission établies à Paris poussèrent leurs entreprises dans les diverses parties du monde. Nos mœurs commerciales étaient déjà bien changées quand les réformes de 1860 abaissèrent les barrières de douane. Présentées sous une forme populaire, soutenues au nom des principes économiques, sans cesse compromises par les regrets de la grande industrie, qui se trouvait privée de protection, on peut dire que ces réformes ont été souvent mal comprises..."

René Millet, de son nom complet René Philippe Millet, né le 14 novembre 1849 à Paris et décédé le 30 novembre 1919 à Paris, est un diplomate et fonctionnaire de l'administration coloniale française.

ISBN 9781981130108

90000 >

9 781981 130108

Gustave Planche

Le Paysage et les Paysagistes

Critique